**SAIA**

Marcéli Torquato

**SAIA**

Coleção Dramaturgia

Cobogó

O Núcleo de Dramaturgia Firjan SESI foi criado em 2014 com o objetivo de descobrir e desenvolver novos autores de teatro no estado do Rio de Janeiro. De cada turma, selecionada através de inscrições, resultam textos inéditos, publicações e a montagem de um espetáculo teatral na rede de teatros da Firjan SESI.

De março a dezembro de 2018, os novos autores tiveram a oportunidade de trocar experiências e estimular a criação de dramaturgias que expressem novas visões de mundo e dialoguem com diferentes públicos. Tudo isso por meio de estudos, oficinas, palestras, bate-papos e leituras voltados para a formação em dramaturgia.

Os textos desenvolvidos foram encenados na Segunda Semana do Núcleo de Dramaturgia Firjan SESI, realizada em outubro no Instituto Oi Futuro – Flamengo, parceiro do projeto. Na ocasião também foram promovidas conversas com nomes importantes do teatro brasileiro.

Esta publicação apresenta uma das várias dramaturgias finais desenvolvidas pela turma de 2018, resultado do estudo, da pesquisa e do turbilhão criativo que envolveu os 14 participantes nesses dez meses de Núcleo.

Boa leitura!

**Divisão de Cultura e Educação
Firjan SESI**

# SUMÁRIO

Para não confundir fuzil com guarda-chuva,
por Diogo Liberano   9

**SAIA**   19

Atravessar a cidade é um risco, atravessar
a cidade com uma criança é um risco a mais,
por Marcéli Torquato   75

## Para não confundir fuzil com guarda-chuva

O mundo está em guerra. A guerra nunca vai acabar, é o que parece. Assim, sob a própria saia, uma mãe decide esconder suas filhas de uma realidade extremamente violenta. Porém, dentro da saia e isoladas do mundo, pouco a pouco, as duas crianças começam a desconfiar da falta de acontecimentos em suas vidas. É quando a menina Aquiles encontra um furo no tecido de uma das saias de sua mãe e escapa mundo adentro.

*Saia*, dramaturgia criada pela autora Marcéli Torquato durante as atividades da quarta turma do Núcleo de Dramaturgia Firjan SESI (2018), é uma investigação sobre o instinto materno num mundo violento e, ao mesmo tempo, uma proposição que busca fazer frente ao medo que imobiliza e rende muitas pessoas em nossa sociedade. O título da dramaturgia manifesta a contradição essencial que anima o texto: saia é a vestimenta de uma mãe que esconde e protege duas crianças de um mundo violento e também o verbo imperativo que evoca a saída dessas crianças rumo a esse mesmo mundo. *Saia* é o medo tornado corpo e também um auspicioso convite para atravessá-lo.

Composta após dez meses – de março a dezembro de 2018 –, nos quais, uma vez por semana, uma turma composta por 14 autoras-autores se encontrava para estudar e criar dramaturgias, *Saia* é também um modo singular proposto e composto por sua autora para responder criativamente aos desafios de nossa realidade contemporânea. E esse é o propósito do Núcleo de Dramaturgia Firjan SESI: levar adiante as intuições criativas e os desejos mais íntimos das autoras e dos autores que compõem suas turmas anuais.

Tratando-se de um programa que visa à formação de autorxs interessadxs na escrita dramatúrgica, dois pontos de partida são constantes e determinantes: desentender o que é dramaturgia e alimentar o interesse pela multiplicidade de textos e modos de composição que cada autor(a) desejar propor. Pois se esse projeto está interessado na formação de pessoas interessadas na escrita para teatro, como determinar de antemão o que é a escrita para teatro? Há um modelo único de como deve ser um texto teatral? Ou ainda podemos descobrir e inventar outros modos para compor dramaturgias?

Em *Saia*, acompanhamos a rotina da menina Aquiles, sua irmã Neném e a Mãe das duas. São personagens que, a cada um dos sete capítulos da trama, vivem situações cotidianas – escritas por meio de diálogos entre as filhas e a Mãe – e também apresentam reflexões acerca de suas próprias vidas – escritas por meio de enunciados em primeira pessoa desses personagens em tempos que não apenas o presente da ação dramática.

A dramaturgia tem início com o acontecimento que faz com que a Mãe decida esconder as filhas sob a própria saia. Um acontecimento real, ocorrido na cidade do Rio de Janeiro, um crime amplamente divulgado,* mas que, pela dramaturgia, nos chega menos enquanto uma notícia e mais por meio dos efeitos provocados por tal acontecimento na vida das personagens. Nesse sentido, a dramaturgia de Torquato parece já nascer como uma resposta – ou propriamente uma reação – ao texto do mundo, aos fatos que escrevem a tortuosa e injusta narrativa de nossa realidade social.

Ao ver o corpo do marido fuzilado no chão da rua, a Mãe obriga suas filhas, imediatamente, a se esconderem sob sua saia. Frente à recusa da menina Aquiles, que ainda tentava compreender o porquê de seu pai estar jogado no asfalto, a mulher argumenta: "A mamãe não vai deixar faltar nada, não vai deixar nada acontecer com vocês. Nada. Não vai faltar. Nada. Nada. Nada vai acontecer. Eu vou cuidar de vocês. A mamãe cuida, vai ficar tudo bem, nada vai acontecer."

Eis a pulsação desta dramaturgia: sucessivos e simultâneos movimentos em oposição. A mãe prende as filhas debaixo da saia para que a vida delas possa continuar e, quando dentro da saia, as filhas tensionam as paredes de sua prisão querendo ver o céu e a chuva do lado de fora, querendo climas outros que não apenas o calor (pavor) materno. É por meio dessa dança de oposições que *Saia* encontra seus batimentos e forja a sua própria consistência: o medo (da Mãe) funda o desejo de liberdade (de suas filhas) ao passo que o desejo de liberdade (das meninas) também alimenta (o medo d)a Mãe. Entre perguntas (das filhas à Mãe) e promessas (da Mãe às filhas), a escritura de Torquato, propriamente um tecido ou

---

* "PM confunde guarda-chuva com fuzil e mata garçom no Rio, afirmam testemunhas. Rodrigo Alexandre da Silva Serrano esperava a família chegar quando levou três tiros." Essa é a manchete da notícia publicada no periódico digital *El País Brasil* em 19 de setembro de 2018.

uma tessitura, costura sentimentos e sensações variados, mescla afirmações a um punhado de dúvidas, compondo assim um percurso propício para descobertas e revelações. É como se a dramaturgia, assim como a Mãe e sua saia, também ignorasse que um furo seria encontrado em seu texto (tecido).

*Saia* engendra, assim, aquilo que venho chamando de um rigor conceitual da dramaturgia. A proposição de uma mulher que cria as filhas embaixo de sua saia não é uma simples imagem poética: é uma formulação que solicita à autora fundar uma realidade outra que somente se torna possível graças ao rigoroso jogo que ela faz com a linguagem. Viver dentro da saia possibilita à dramaturga compor dinâmicas que convidam leitoras e leitores a adentrar um acontecimento que, se não encontra espelhamento fiel em nossa realidade faz, ainda assim, com que pensemos criativamente nossa realidade. O rigor do jogo criativo estimula, por assim dizer, o brotar de olhares renovados aos dilemas humanos da atualidade. Da casa ao trabalho, sob a saia da Mãe, as crianças contam os passos que faltam para chegar, veem os sinais de trânsito filtrados pelo tecido da saia, ouvem barulhos que, desprovidos de corpos, acabam por atiçar sua imaginação. Nesta dramaturgia, a privação restritiva da saia estimula a pluralidade de sensibilidades e imaginações.

Por meio da conversa entre variadas oposições, a autora faz brotar enigmas e mistérios ou, propriamente, o nosso desejo de continuar a leitura. Quanto mais avançamos na leitura de *Saia*, mais o furo da saia aumenta. A menina Aquiles começa seu percurso fazendo perguntas. Não satisfeita com as evasivas respostas de sua amedrontada mãe, ela começa a suspeitar. Tal como o mineiro Bartolomeu Campos de

Queirós, em seu romance *Vermelho amargo*, "suspeitar é não ter certeza". *Saia* desenha também um percurso de amadurecimento. Para além das suspeitas de Aquiles, a dramaturgia nos endereça pertinentes questões: Como furar a saia? Como atravessá-la? Como furar o medo? Como ultrapassá-lo?

Ora, se o mundo está em guerra, então será a própria guerra que abrirá caminhos para que possamos vencê-la. A Mãe das meninas trabalha numa biblioteca na qual foram aprisionados livros considerados proibidos. É nesse cenário aparentemente despovoado e inerte que Aquiles e Neném brincam de escolinha enquanto a Mãe trabalha. Será por meio da brincadeira das crianças com os livros – por meio do jogo – que a liberdade das duas será tramada e o furo da saia encontrado.

Penso ser essa uma das maiores contribuições desta dramaturgia: a importância dada ao jogo e à imaginação enquanto privilegiados modos para ler, interpretar e criar mundos e relações entre mundos. Aquiles imagina e, ao imaginar, realiza a si própria e também a realidade da qual foi arrancada. Brincando, a menina desativa a prontidão dos sentidos, rasga as palavras e (re)descobre a vida como um manancial inesgotável de possíveis. O "nada vai acontecer" que a Mãe promulga às filhas é também uma geniosa pista para que as pequenas descubram que esse nada, antes de ser coisa alguma, é desde sempre um algo capaz de acontecer, um algo que acontecerá.

Assim, retomando o dito rigor conceitual da dramaturgia, percebe-se que as ações de *Saia* se inscrevem em dois planos simultâneos: um relativo ao drama das crianças sob a saia da Mãe e outro, análogo, que diz respeito ao medo e à liberdade, à clausura e à aprendizagem. Para furar a saia, para atravessar o medo que torna a vida carente de acontecimentos, a autora cria personagens como talvez acredite ser preciso criar uma filha: por meio da educação. A educação funda(rá) a liberdade. Aprender a ler é uma tarefa grandiosa, ainda mais para Aquiles, uma menina que mal tinha começado a frequentar a escola e que, subitamente, passou a morar embaixo da saia da mãe.

**MÃE:** De onde tirou isso tudo?

**AQUILES:** Dos meus livros. Eu leio.

**MÃE:** Não lê.

**AQUILES:** Eu leio.

**MÃE:** Você não vai à escola há quatro anos, não tem como aprender a ler sem uma professora.

**AQUILES:** Eu sou professora.

*Saia* não apenas compõe o drama de uma mãe amedrontada, como também escreve possibilidades para atravessar o medo. Num capítulo central da trama, acompanhamos a maneira encontrada pelas duas crianças para descobrir o mundo escondido do lado de fora da saia da mãe. Será lendo. Rabiscando páginas e mais páginas de variados livros. Circulando letras e sílabas e construindo palavras já conhecidas e outras ainda sequer inventadas. Porém, nada disso é simplesmente contado aos leitores. Torquato compõe em sua narrativa o próprio labor da aprendizagem. Páginas de livros são digitalizadas e seu conteúdo é circulado, rabiscado, abrindo a textualidade da dramaturgia rumo a um texto também visual, confirmando que a relação das palavras com os sentidos é, desde sempre, um jogo de composição e que, por isso, pode ser feito e refeito, firmado e modificado.

Ao apresentar duas crianças, a dramaturgia compõe para elas um tipo específico de jargão, modos específicos para manusear as palavras e os sentidos. Neném é uma personagem e simultaneamente um procedimento filosófico que mastiga e mói palavras. Sem dentição pronta, em sua boca, entre saliva e mastigações, as palavras vão se decompondo e recompondo, morrendo e nascendo. As onomatopeias de Neném vão formando sílabas, palavras e frases. Junto à pequena irmã, a jovem professora Aquiles aprende a compor novas linhas e sentidos. Não seria exagero afirmar que a saia da mãe é desfiada e abre-se em furo justamente porque suas crianças aprendem a ler e a escrever.

Eis a conversa que *Saia* trama entre uma narrativa ficcional e o texto de nossa época atual. Uma conversa que torna indissociáveis os domínios da criação e da formação. Criação e formação de um texto, bem como de um(a) filho(a). O texto é o elo entre a vida e a criação artística e, mais que isso, uma potente sugestão para encararmos a vida em sua dimensão textual. Pois se uma dramaturgia é um acontecimento inventado e composto, por que também não encararmos a vida como um texto capaz de ser modificado? *Saia* nos endereça importantes provocações: ela enfrenta o medo que se infiltra em nosso dia a dia e frente a ele edifica a leitura como primordial saída. Pois uma sociedade humana incapaz de ler continuará enxergando fuzis onde há apenas guarda-chuvas. Uma sociedade incapacitada de ler continuará promovendo o ódio e a morte como fossem morte e ódio sinônimos para vida.

Como coordenador do Núcleo de Dramaturgia Firjan SESI, registro a minha satisfação em, novamente, ter a parceria da Editora Cobogó na publicação de dramaturgias criadas por autoras e autores de nosso projeto: além de Torquato e sua *Saia*, também são publicadas as dramaturgias *só percebo que estou correndo quando vejo que estou caindo*, de Lane Lopes, e *DESCULPE O TRANSTORNO*, de Jonatan Magella. Além dessas, somam-se as publicações de nossa terceira turma (2017): *ROSE*, de Cecilia Ripoll, *Escuta!*, de Francisco Ohana, e *O enigma do bom dia*, de Olga Almeida.

Às autoras e aos autores que integraram a quarta turma do Núcleo – Alexandre Braga, Clarice Rios, danilo crespo, Felipe Haiut, Gabriela Estevão, Gabriela DiMello, Isadora Krummenauer, Jonatan Magella, Karla Muniz, Lane Lopes, Marcéli Torquato, Sheila Kaplan, Sofia Teixeira e Thiago Cinqüine –, o meu honesto agradecimento pelo aprendizado e pela troca que partilhamos juntos.

Em especial, agradeço ao coordenador de cultura e educação Firjan SESI, Antenor Oliveira, e ao analista cultural Robson Maestrelli por tornarem possível a existência e a continuidade de um projeto tão importante para a dramaturgia nacional contemporânea.

**Diogo Liberano**
Coordenador do Núcleo de Dramaturgia Firjan SESI

# SAIA

de **Marcéli Torquato**

*Saia* estreou em 13 de maio de 2019 no Teatro Firjan SESI Centro, no Rio de Janeiro, como ação de conclusão das atividades da quarta turma do Núcleo de Dramaturgia Firjan SESI (2018).

**Direção**
Joana Lebreiro

**Elenco**
Eliane Carmo (Neném)
Elisa Pinheiro (Mãe)
Vilma Melo (Aquiles)

**Assistente de direção**
Gabriela Estevão

**Direção de arte**
Marieta Spada

**Direção de movimento e preparação corporal**
Tatiana Tiburcio

**Direção musical e trilha sonora**
Claudia Castelo Branco

**Iluminação**
Ana Luzia de Simoni

**Músicos**
Claudia Castelo Branco
Marcos Campello
Rodrigo Pacato
Thomas Harres

**Contrarregra**
Wellington Fox

**Fotos para comunicação visual**
Guilherme Silva

**Fotos e vídeo de cena**
Thaís Grechi

**Programação visual e mídias sociais**
Thaís Barros

**Assessoria de comunicação**
Rachel Almeida (Racca Comunicação)

**Produção**
Clarissa Menezes

**Coordenação do projeto**
Diogo Liberano

Para Rosa, que o mundo te aconteça.

**PERSONAGENS**

**AQUILES**

**MÃE**

**NENÉM**

*No que diz respeito à educação dos filhos, penso que se deva ensinar a eles não as pequenas virtudes, mas as grandes. Não a poupança, mas a generosidade e a indiferença ao dinheiro; não a prudência, mas a coragem e o desdém pelo perigo; não a astúcia, mas a franqueza e o amor à verdade; não a diplomacia, mas o amor ao próximo e a abnegação; não o desejo de sucesso, mas o desejo de ser e de saber.*

Natalia Ginzburg

## A CONCEPÇÃO

**MÃE:** Descobri que estava grávida na manhã seguinte a uma noite de amor. Olhei para ele e perguntei se também estava sentindo. Ele me olhou sem conseguir responder, me beijou e caiu ao meu lado na cama. Respiração acelerada, olhos fechados, boca aberta, sono profundo. Eu senti meu umbigo queimar, um raio de luz rompeu minha carne e projetou no teto, como numa tela de cinema, aquela concepção. Vi meu quarto se transformar no meu útero, vi tudo acontecer. O mundo estava em guerra e, enquanto tudo adoecia, eu engravidava.

Milhões de espermatozoides entrando através do meu corpo mais íntimo em busca daquele óvulo. Era a minha vida, meu corpo projetado no teto, a anunciação claríssima de que não estaria mais só no mundo. Sorriso no rosto, coração acelerado, olhos esbugalhados, senti cócegas e apertei meu ventre com a mão direita, ajudando sem querer aquele 1 espermatozoide a perfurar meu óvulo e vencer a corrida. Eu estava grávida de Aquiles. Vi o início das divisões celulares, vi o óvulo se movimentar a caminho do útero e dormi. Enquanto o mundo adoecia, eu sentia a infância retornando à minha vida. Aquele cinema privê se repetia toda noite no escuro do meu quarto, era um mergulho para dentro, como uma contorcionista introduzindo a própria cabeça na vagina para dar boa-noite. Boa-noite para as células sem forma, sem coração e sem sexo. O tempo passa, a barriga infla e eu perco o eixo do corpo e eu perco o eixo. Parir num mundo perigoso é como plantar uma semente numa rachadura no asfalto, é um projeto, um plano. Aquiles nasceu. Três anos depois, uma segunda gravidez, tudo igual, mas dessa vez eu me perguntava se um mundo em guerra precisa de crianças. Sim!, respondia rápido. Sem criança, nada continua, a criança é a esperança do fim da guerra, é o motivo para reconstruir. A infância retorna mais uma vez ao meu ventre, dali ela nasce. Dali nasceu minha segunda criança, Neném.

**AQUILES:** Por quê?

**MÃE:** Porque ligaram da escola.

**AQUILES:** Por quê?

**MÃE:** Porque estava perigoso.

**AQUILES:** Por quê?

**MÃE:** Porque o mundo está perigoso.

**AQUILES:** Por quê?

**MÃE:** Porque está em Guerra.

**AQUILES:** Por quê?

**MÃE:** Eu não sei explicar.

**AQUILES:** Quero o guarda-chuva.

**MÃE:** Não trouxe.

**AQUILES:** Por quê?

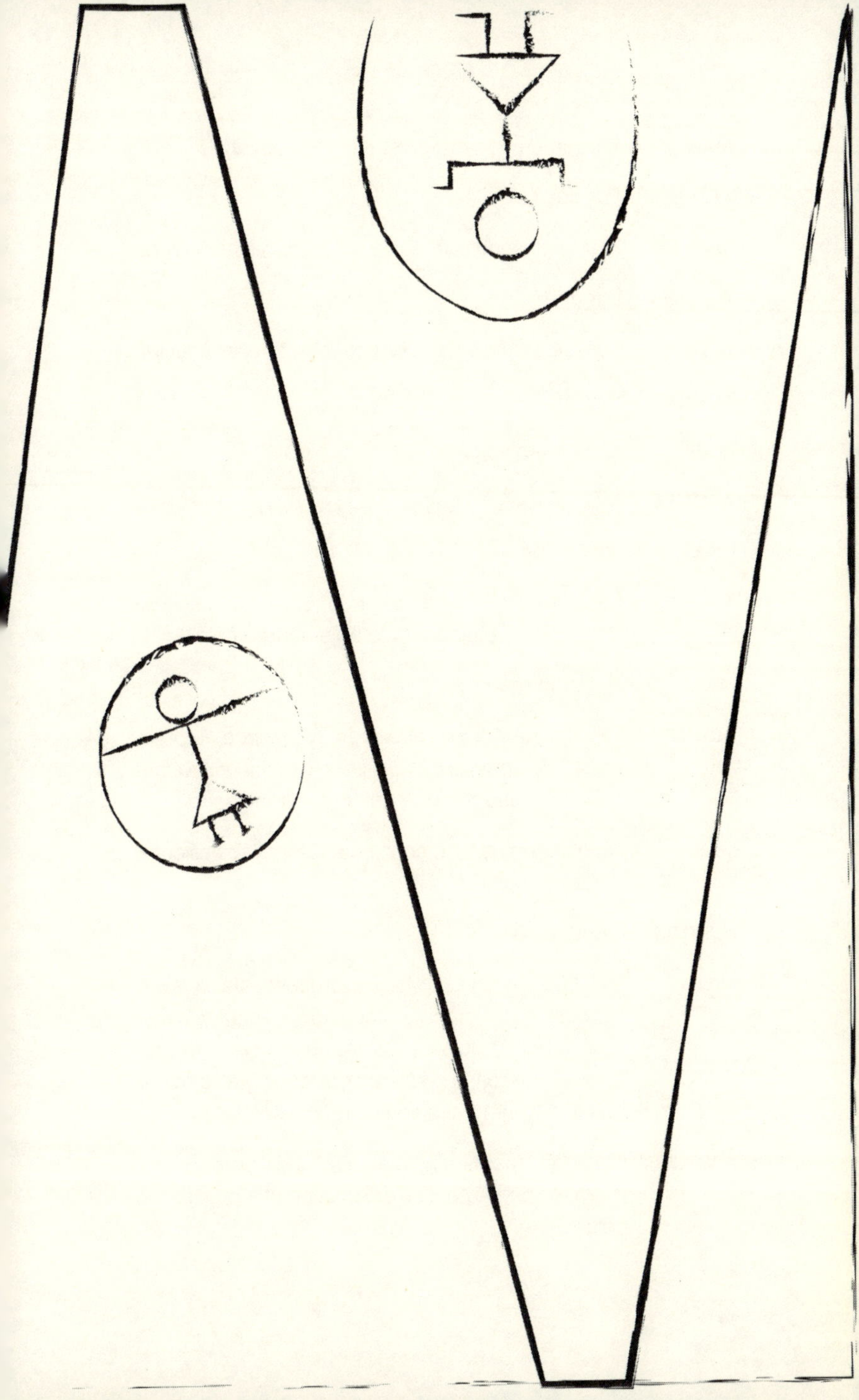

**MÃE:** Porque eu não imaginei que iria chover.

**AQUILES:** Por quê?

**MÃE:** Porque quando saímos de casa estava um dia lindo.

**AQUILES:** Por quê?

**MÃE:** Porque a gente não controla a natureza, Aquiles.

**AQUILES:** Por quê?

**MÃE:** Eu não sei explicar.

**AQUILES:** Mãe, já está chegando?

**MÃE:** Você sabe.

**AQUILES:** Minhas pernas estão doendo, essa subida cansa e eu estou pesando mais hoje. Quero colo.

**MÃE:** Pesando mais?

**AQUILES:** Essa chuva. Minha roupa está molhada e eu preciso carregar o meu peso, o peso das minhas roupas e mais o peso da água que está na minha roupa.

**MÃE:** Você só tem quatro anos para fazer esses cálculos matemáticos tão complexos.

**AQUILES:** Quero colo.

**MÃE:** E eu? E eu, Aquiles? Mamãe também está cansada, trabalhei o dia inteiro, estou carregando a sua mochila, a minha bolsa, a sacola do mercado, o peso da minha roupa, o peso da água que está na minha roupa, a Neném, e ainda carregar você? Não.

**AQUILES:** Mas hoje, mamãe, hoje eu não estou bem. Foi um dia muito diferente e eu estou diferente, precisando de colo.

**MÃE:** Foi diferente para a mamãe também.

**AQUILES:** Hoje eu preciso de mais colo do que os outros dias.

**MÃE:** Já está chegando.

**AQUILES:** Quantos passos?

**MÃE:** Nunca contei.

**AQUILES:** Vamos contar?

**MÃE:** Outro dia a gente conta.

**AQUILES:** Quando?

**MÃE:** Amanhã.

**AQUILES:** O papai vem encontrar com a gente?

**MÃE:** Ele sempre vem.

**AQUILES:** Aí ele pode me levar no colo?

**MÃE:** Aí você conversa com ele.

**AQUILES:** Ele me leva. Ele vai ter sacolas também?

**MÃE:** Vamos brincar?

**AQUILES:** De quê?

**MÃE:** De descobrir o que o papai vai ter nas mãos?

**AQUILES:** Acho que ele vai ter um brinquedo e um bolo.

**MÃE:** Acho que ele vai ter um guarda-chuva.

**AQUILES:** Eu acho que ele vai estar de carro, um carro muito grande, e a gente vai subir até em casa de carro.

**MÃE:** Acho que ele vai descer com o canguru para levar a Neném.

**AQUILES:** Acho que ele vai ter uma papinha de caramelo para a Neném.

**MÃE:** Acho que ele vai estar num helicóptero todo de vidro e em vez de subir para casa a gente vai passear pela cidade.

**AQUILES:** Acho que não. E se ele esquecer o guarda-chuva?

**MÃE:** Ele não esquece.

**AQUILES:** Você esqueceu.

**MÃE:** Eu não sabia que ia chover.

**AQUILES:** Mas e se ele esquecer?

**MÃE:** Se ele esquecer vai ter que pagar uma prenda!

**AQUILES:** Qual?

**MÃE:** Quer escolher?

**AQUILES:** Me levar no colo até em casa.

**MÃE:** Combinado!

**AQUILES:** Quero colo.

**MÃE:** Aquiles.

**AQUILES:** Quero colo, mamãe.

**MÃE:** Vem.

*A mãe sobe a rua com a mochila de Aquiles, sua bolsa, a sacola do mercado, Neném na anca direita e, agora, Aquiles na anca esquerda. Ouvem um barulho, talvez uma bomba, talvez tiros. Mãe tem o impulso de correr na direção do som. Mãe, Aquiles e Neném na contramão dos outros corpos, numa certeza intuitiva de que algo havia mudado. Enquanto as pessoas se afastavam, um vazio se formava em torno de um corpo estendido no chão.*

**AQUILES:** É o papai?

**MÃE:** Calma, Aquiles.

**AQUILES:** Por que ele está deitado na rua?

**MÃE:** Calma, Aquiles.

**AQUILES:** Ele está dormindo?

**MÃE:** Calma, Aquiles.

**AQUILES:** Ele lembrou, mamãe! Ele trouxe! Ele lembra. Papai! Ele está levantando.

**MÃE:** Calma, Aquiles.

**AQUILES:** Papai! A gente chegou!

**MÃE:** Calma, Aquiles.

*Aquiles vê o pai voar.*

**AQUILES:** Papai, como foi o seu dia? Eu tive um dia cheio, hoje teve aula de português e eu aprendi um monte de coisas e a professora me elogiou muito. Ela mandou um bilhete falando de mim, quer ler? Ela disse que eu sou fera em matemática também. Ela disse que eu vou longe. Aonde eu vou, pai? Depois eu fiquei muito triste porque a professora disse que ia ter sobremesa, mas teve fruta. Pai, fruta é sobremesa? Tem dia que tem doce de leite de sobremesa, doce de leite é sobremesa. Eu gosto, gosto muito. Aí, aí de repente a gente começou a ouvir uns barulhos, muito altos. Talvez uma bomba, talvez tiros, não sei. Começamos a ouvir também uns gritos e a professora mandou a gente deitar no chão, eu queria beber água, eu estava com muita sede e a professora disse que não podia beber água e a gente ficou lá todo mundo deitado no chão, eu nunca tinha deitado no chão da sala de aula, pai pai, eu achei que a aula ia ser assim, mas a professora disse que não ia mais ter aula, que os pais iam buscar e a gente ia ia ia mais cedo para casa porque a confusão foi grande lá hoje. Isso é a Guerra? Aí a mamãe chegou. Eu fiquei assustada. Eu saí mais cedo. Eu gosto da escola, mas eu gosto de sair mais cedo também, pai. Uau! Mamãe, o papai está voando.

**MÃE:** Deve estar, filha.

**AQUILES:** Ele vai passear pela cidade?

**MÃE:** Ele vai passear no céu.

*Mais uma vez ouvem um barulho, talvez uma bomba, talvez tiros.*

**MÃE:** Entrem aqui.

**AQUILES:** Não quero! Eu quero ver meu pai.

**MÃE:** Entra, Aquiles. Agora.

**AQUILES:** Não quero!

**MÃE:** AQUILES!

**AQUILES:** Por que você está chorando?

**MÃE:** ENTRA!

**AQUILES:** Por quê?

**MÃE:** ENTRA AGORA!

**AQUILES:** Eu entro.

**MÃE:** Só saiam quando a mamãe mandar.

**AQUILES:** Não chora.

**MÃE:** A mamãe não vai deixar faltar nada, não vai deixar nada acontecer com vocês. Nada. Não vai faltar. Nada. Nada. Nada vai acontecer. Eu vou cuidar de vocês. A mamãe cuida, vai ficar tudo bem, nada vai acontecer.

**AQUILES:** Nada?

**MÃE:** Nada.

**AQUILES:** Nada, mãe?

**MÃE:** Nada, Aquiles.

**AQUILES:** Como?

*Aquiles e Neném estão agora sob a saia da mãe.*

**AQUILES:** Aos quatro anos eu fui parida para dentro. No dia em que meu pai voou, minha mãe pariu para dentro de si minha irmã caçula e eu. Um túnel sem fim. Como se a vagina da minha mãe desembocasse no espaço. Nasci no espaço, num vai e vem de planetas e estrelas, sem casa, sem braços, sem seios. Eu nasci para fora da minha vida. Aos 4 anos eu fui habitar um porão claustrofóbico materno, a saia da minha mãe.

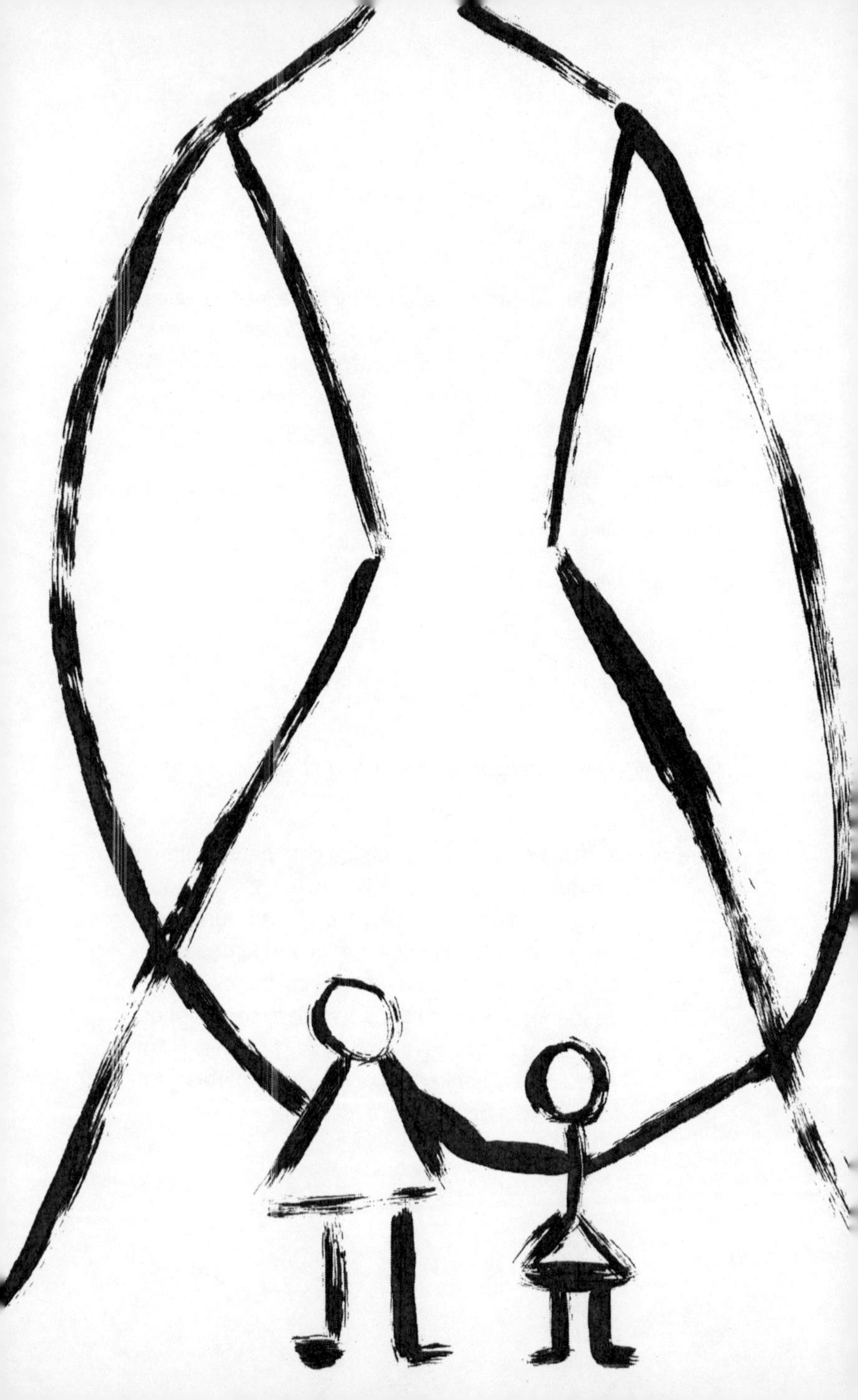

## NÃO VAI ACONTECER NADA

**AQUILES:** Bom dia, joelhos. Bom dia, coxas. Bom dia, tíbia. Bom dia, patela. Bom dia, metatarso. Bom dia, pés. Bom dia, dedão, dedinhos e dedos médios. Bom dia, saia! Bom dia, mamãe! Bom dia, Neném!

**NENÉM:** Bo ia xaxa ia la ia tata ia é ão ia nhonho é ia iaiá. Quiqui.

**AQUILES:** Ah! Mãnhê. Ah! Não. Veludo não, tá calor.

**MÃE:** Prefere o quê?

**AQUILES:** Viscose.

**MÃE:** Assim está melhor?

**AQUILES:** Azul-marinho? Azul-marinho, não, mãe. Tá calor.

**MÃE:** Quer escolher?

**AQUILES:** A azul-celeste.

**MÃE:** Aquela saia já anda sozinha. Quer escolher a blusa também?

**AQUILES:** A blusa, não.

**MÃE:** Aquiles, amarra o meu cadarço?

**AQUILES:** Amarro, mamãe!

**MÃE:** Vamos trabalhar?

**AQUILES:** Vamos! Vamos trabalhar, Neném? Eu, Neném e a mamãe pelas ruas, sincronizando os passos, uma coreografia dentro da saia. É nossa aventura diária rumo ao trabalho da mamãe, a gente conta cada passo e combina cada passada, nós três. Às vezes a Neném desequilibra, cai e chora, então mamãe coloca Neném bem agarradinha na batata da perna, amarradinha num canguru. Cada dia tem uma cor, um peso e uma estampa, às vezes não tem estampa nenhuma. Eu prefiro sem estampa, a visão fica um pouco mais clara e, se eu colo bem os meus olhos na trama, vejo o contorno das coisas. A mamãe não gosta, ela prefere que a gente fique no meio, diz que se a gente chega muito perto da barra da saia, pode despencar. Mamãe explicou que tem a saia, nossa cápsula protetora, e fora da saia tem o penhasco. Só gente grande vive lá fora, a mamãe contou para a gente. Lá fora é tudo solto, barulhento, perigoso, grande, ela disse. Ela disse que criança quando fica solta no mundo de fora é igual adulto na Lua, voa, flutua e fuuuuuuuu. Será que meu pai foi pra Lua? Na rua a gente não fala, fala, mas fala assim bem baixinho para não chamar atenção de ninguém. Quando eu falo baixinho, só a Neném ouve. A mamãe trabalha numa biblioteca imensa. Lá a gente grita, lá pode. Mas se vier alguém, não pode. Mas pode, porque nunca vem ninguém. Lá é o depósito dos livros proibidos e a mamãe é a guardiã. Mamãe, como você ganhou ser guardiã dos livros da Biblioteca dos Livros Proibidos?

**MÃE:** Eles precisavam de alguém como eu.

**AQUILES:** Como?

**MÃE:** Como eu.

**AQUILES:** Lá é muito bom, eu gosto de lá. Tem uns 50 trilhões de livros que ninguém lê. Só eu e Neném. A Neném não sabe ler, ela nunca foi para a escola, ela é neném. Eu sei ler um pouco, um pouquinho eu sei, sei umas *síbalas*. A mamãe mexe nos livros, mexe porque ela limpa a biblioteca e mexe também porque ela pega uns livros escondido para ler em casa. Eles trancaram os livros durante a guerra. Mamãe falou que não tem criança na rua. Eu escuto voz de criança, mas eu não sei se é, porque eu nunca mais vi uma criança, eu não me lembro mais como elas são. Só vejo a Neném, a Neném eu vejo o tempo todo, mas a Neném não é criança, ela é neném. Pela trama eu só vejo pernas, saias e calças, fico tentando adivinhar se tem crianças embaixo das outras saias e o que elas estão fazendo. Quando passa outra saia por nós eu imagino. Fico tentando ver os tecidos, as cores, as texturas, daqui eu vejo, vejo pouco, mas vejo, eu vejo o contorno das coisas e o resto eu imagino. Eu vou ser costureira quando eu crescer, aqui vai ser a minha sala de costura, desse lado a mesa com a máquina, daquele ali a mesa com os tecidos. Eu adoro pano, veludo, jeans, algodão, tricoline, linho, malha, sarja, piquê, gabardine, *laise*, renda, seda, organza, crepe, *chiffon*, cetim, cambraia, viscose. Meu preferido é viscose e o meu sonho é uma saia de renda ou *laise*. Mamãe disse que quem sabe um dia. Azul-celeste é a cor mais fresquinha. E aqui fica parecendo o céu, o sol bate e aqui dentro fica tudo azul-clarinho, lindo. Quando a gente para embaixo das coisas grandes lá de fora, daquelas que eu esqueci, elas são grandes e bonitas e balançam. Quando a gente passa por essas coisas e pelos prédios, faz sombra aqui dentro e eu vejo as sombras encostarem no tecido e virarem várias coisas com o balançar da saia. As sombras são as nossas nuvens! E eu brinco de ver bichinhos nas nuvens, nas sombras. Eu brincava com o papai de ver bicho nas nuvens, uma vez a gente viu um elefante que parecia de verdade, o elefante. Mamãe disse que papai voou para o céu. Será que ele mora na nuvem? Olha aqui, consigo ver os braços da mamãe balançando ao lado do corpo, pela trama eu consigo ver aqueles bichos, tipo uns pássaros, esqueci o nome, uns que ficam voando em cima do mar. O mar a gente não consegue ver. Qual o nome daqueles bichos? Vejo algumas nuvens, as mais grandes eu consigo ver. Mamãe, eu estou esquecendo umas palavras, elas estão sumindo.

**MÃE:** Depois você lembra.

**AQUILES:** Quando?

**MÃE:** Olha o sinal.

**AQUILES:** Tem umas listras brancas no chão, Sinal de Chão, aí a gente tem que parar e ver se o Sinal Flutuante está vermelho ou verde. Quando está verde, seguro na mão da Neném porque sei que teremos que sincronizar nossos passos e andar sem tropeçar. Aqui é grande. É! Mas se não prestar atenção, tropeça, porque são seis pernas aqui dentro. 6! Mamãe disse que somos uma Seistopeia. Queria que as saias fossem todas azuis-clarinhas, costuradas com muita viscose, muita muita muita, e nosso mundo seria o mais grande de todos. E seriam as saias mais lindas do mundo, as saias da minha mãe. Dia de trabalho é bom, dia de descanso é chato, são 409 passos até o trabalho da mamãe, 5 Sinais Flutuantes verdes ou vermelhos, 12 tipos de chão, muitas plantinhas por entre as rachaduras do chão, 39 buracos, incontáveis pernas, 5 pessoas dormindo na rua. 403, 404, 405, 406, 408/

**MÃE:** 407.

**AQUILES:** 407, 408, 409. Chegamos!

**MÃE:** Não esqueçam do combinado.

**AQUILES:** Não comer nem beber nada aqui dentro, evitar acidentes, não rabiscar os livros.

**MÃE:** Você esqueceu de uma regra.

**AQUILES:** Qual?

**MÃE:** Adivinha?

**AQUILES:** Dá uma dica?

**MÃE:** O que é, o que é, é uma regra que você sempre esquece, acaba passando por cima e a vítima é o pé?

**AQUILES:** Pisar no pé da mamãe!

**MÃE:** Pisar?

**AQUILES:** Não pisar no pé da mamãe.

**MÃE:** Acertou e merece um beijo.

**NENÉM:** Jojo.

**AQUILES:** A Neném também quer.

**MÃE:** A Neném também vai ter.

**AQUILES:** Mamãe, alguém já leu esses livros todos?

**MÃE:** Uma mesma pessoa?

**AQUILES:** Ãrrã.

**MÃE:** Impossível.

**AQUILES:** Mamãe, é possível alguém aprender a ler sozinha?

**MÃE:** Acho que não, filha.

**AQUILES:** Como você aprendeu a ler?

**MÃE:** Como está suja esta biblioteca.

**AQUILES:** Como suja, se não vem ninguém?

**MÃE:** As coisas se movimentam.

**AQUILES:** Credo! Os livros?

**MÃE:** Tudo.

**AQUILES:** Mas não tem nada aqui.

**MÃE:** Olha essa biblioteca, o que você vê?

**AQUILES:** Nada.

**MÃE:** Nada não existe, Aquiles. Mesmo que você olhe para essa imensidão de corredores, livros, estantes, mesas e cadeiras e não veja nada, sempre tem alguma coisa.

**AQUILES:** Estou com medo.

**MÃE:** Mesmo que a gente feche a janela, o vento sempre acha uma brecha e traz com ele uma poeirinha. Os insetos sempre acham uma brecha e deixam seus rastros, sempre tem uma brecha. Você gosta de observar aqueles musguinhos pelo nosso caminho, não gosta?

**AQUILES:** Eles são fofos.

**MÃE:** Então. Eles acharam uma brecha, eles nascem por entre o cimento, o concreto ou o asfalto e vão crescendo, crescendo, até incomodar, aí alguém vem e poda ou arranca.

**AQUILES:** Credo!

**MÃE:** Mesmo sem a gente ver, as coisas se mexem. Tudo se movimenta, mesmo que não haja movimento algum.

**AQUILES:** Um dia a gente pode sair daqui e ir para a escola?

**MÃE:** Um dia.

**AQUILES:** Quando?

**MÃE:** É perigoso.

**AQUILES:** Quando?

**MÃE:** Quando não for mais perigoso.

**AQUILES:** Quando é?

**NENÉM:** Quaquá?

**MÃE:** Quaquá, Neném. O patinho.

**NENÉM:** Nono.

**AQUILES:** Neném, nenenzinha, você é tão bonitinha. Nenenzinha, nenenzona, você é tão bonitona. Nenenzinha, nenenzoca, você é uma boboca.

**MÃE:** Aquiles.

**AQUILES:** Mãe, um dia você conta a história desse livro aqui para mim?

**MÃE:** Deixa eu trabalhar.

**AQUILES:** Mas um dia você conta?

**MÃE:** Não.

**AQUILES:** Por quê?

**MÃE:** Porque a gente não pode ler esses livros, a mamãe já disse.

**AQUILES:** Mas eu leio.

**MÃE:** Você não lê, você brinca que lê, você tem 5 anos, ainda não sabe.

**AQUILES:** Eu sei.

**MÃE:** Não sabe.

**AQUILES:** Eu aprendi na escola, eu sei as letras, *síbalas*, eu sei escrever TATU, TU, TIA, TETO, TITO, PAPA, PIPA, COLGATE e COCA-COLA. Sei muitas *síbalas*, sei ler as *síbalas* e a professora disse que aprender a ler é igual a montar quebra-cabeça.

**MÃE:** Sílabas.

**AQUILES:** Eu sei.

**MÃE:** Não deve ser tão fácil.

**AQUILES:** Um dia eu vou voltar para a escola, mãe?

**MÃE:** Talvez.

**AQUILES:** Eu vou para a escola.

**NENÉM:** Coco.

**AQUILES:** Não! Só eu, você é Neném e Neném não estuda.

**MÃE:** Deixa Neném brincar com você.

**AQUILES:** Não! Não quero! Eu não estou brincando, hoje eu vou para a escola.

**MÃE:** Que tal você dar aula para Neném?

**AQUILES:** Ela não sabe ser aluna.

**MÃE:** Você pode ensinar.

**AQUILES:** Eu disse que NÃO.

**MÃE:** Ou você leva a sua irmã para brincar com você ou amanhã você vai ficar de castigo.

**AQUILES:** Não!

**MÃE:** Vai brincar agora com a sua irmã ou eu passo o mês inteiro usando saia grossa.

**AQUILES:** Veludo, jeans ou brim?

**MÃE:** Veludo.

**NENÉM:** Do do o pã.

**AQUILES:** Do do o pã dããããããã. Vem, Neném, vamos para a escola.

**MÃE:** Boa aula, Aquiles!

*Aquiles e Neném correndo por dentro da saia da Mãe, indo para a escola.*

**AQUILES:** Bom dia, crianças.

**NENÉM:** Aquiles foi a minha primeira professora. Por entre os livros proibidos do trabalho da mamãe, a minha irmã mais velha me apresentou às primeiras letras, aos números e às sílabas. Enquanto o meu idioma ainda era uma combinação de sons instintivos e imitações, ela, que tinha frequentado a escola, já dominava a linguagem, conhecia muitas sílabas, letras e números, e planejava cada aula a partir do balbucio do meu idioma onomatopaico. Nossos dias se transformaram, chegar ao trabalho da mamãe agora significava chegar também à escola. Diálogos diários. Minha professora, uma menina analfabeta de 5 anos, me ensinava e aprendia, eu a via se transformando em uma menina alfabetizada e ela flagrava o crescimento abrupto de uma neném. Ta te ti to tu ja je ji jo ju la le li lo lu/

**AQUILES:** Teto, Tito, Tatu, Tata, Lulu, Lula, Juju, Jilo, Tuta.

**NENÉM:** A ma mo de di ca pa do aia.

**AQUILES:** Papa, dedo, mamo, amo, dica, paca, doca, caia, capa, papaia.

**NENÉM:** Papai.

**AQUILES:** Não tem papai, é papa de papar e papaia de papar. Neném! Calma! Neném! Papaia, papaia, papai. Neném, você entendeu!

**NENÉM:** Papai, papa, papaia, paia, pa, ai, ia, papa, papai, pai, papaia, papi.

**AQUILES:** Você é uma menina muito esperta! Muito! Minha irmãzinha, a Neném, que sabe as coisas mais difíceis do mundooooooooooo. Mãe, a Neném está aprendendo a ler e escrever, eu também, hoje a gente aprendeu um monte de palavras e a Neném descobriu como monta o quebra-cabeça para escrever papai, a gente aprendeu, mãe. Mãe, acho que é possível aprender sozinha.

**NENÉM:** O dever de casa era levar livros para casa. Quando mamãe ia dormir, eu e minha irmã pegávamos o lápis e circulávamos palavras, sílabas, números, dissecávamos o nosso material didático. A gente não tinha ideia do que estava fazendo. Ou tinha? Aqueles livros trancados eram o nosso maior mundo. E a mamãe. Cada dia a gente aprendia mais e mais. Na minha vida a leitura chegou antes da fala, eu ainda não sabia falar, mas sabia ler. Quando eu lia, na minha cabeça o som parecia correto, mas lendo em voz alta as palavras não saíam, baba bi po bido va caca id la vamo si me ma ri dida mimi da da da peda papa ia papaia.

**MÃE:** Neném está mais tagarela do que nunca!

**AQUILES:** Ela é inteligente, mamãe! Ela vai longe.

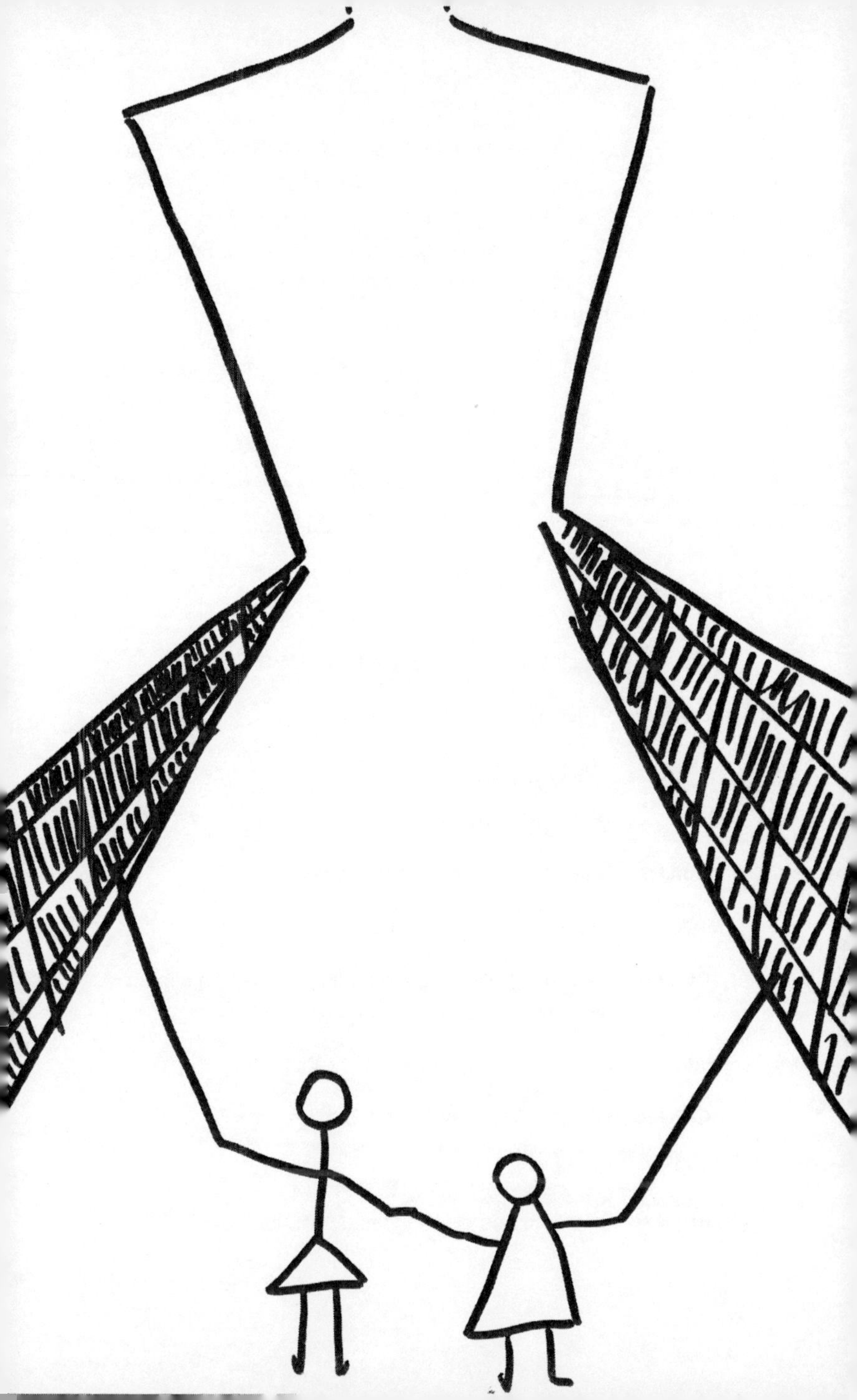

## MESMO QUE A GENTE FECHE A JANELA

**AQUILES:** Bom dia, joelhos. Bom dia, coxas. Bom dia, tíbia. Bom dia, patela. Bom dia, metatarso. Bom dia, pés. Bom dia, dedão, dedinhos e dedos médios. Bom dia, saia!

**NENÉM:** Bo ia xaxa ia la ia tata ia é ão ia nhonho é ia iaiá.

**MÃE:** Prefere o quê?

**AQUILES:** Viscose. Aquela azul-celeste.

**MÃE:** Aquela saia já anda sozinha. Quer escolher a blusa também?

**AQUILES:** A blusa, não.

**MÃE:** Aquiles, amarra o meu cadarço?

**AQUILES:** Amarro, mamãe!

**NENÉM:** Coco.

**MÃE:** Ai, não! Na hora de sair?

**AQUILES:** Mãe, ela disse escola e não cocô.

**MÃE:** Ah, é?

**AQUILES:** Eu sou a professora dela e as professoras sabem de muita coisa.

**MÃE:** Não é o que dizem. Vamos trabalhar?

**AQUILES:** Vamos! Vamos para a escola, Neném?

**NENÉM:** Coco!

**AQUILES:** Só existe nós de crianças no mundo?

**MÃE:** Não sei, Aquiles, a mamãe não tem como saber.

**AQUILES:** Aqui está calor. Abana?

*Mãe roda a saia, abanando as duas crianças.*

**MÃE:** O sol está forte.

**AQUILES:** O que mais?

**MÃE:** O quê?

**AQUILES:** O que você vê?

**MÃE:** Um senhor com sua bengala, ele é cego, uma menina foi ajudá-lo. Ela está de casaco vermelho e tem os cabelos nos ombros. Uma senhora com cara triste, na padaria tem sonhos na vitrine, sentem o cheiro? O quitandeiro acabou de cortar abacaxi, estão lindos, outra senhora com cara triste, uma loja cheia de cartazes anunciando a promoção. Um cachorro, um terreno baldio cheio de lixo, uma loja de colchão, um caminhão.

**AQUILES:** Mãe, aquela história do Peter Pan, lembra? É lá que moram as crianças do mundo?

**MÃE:** É tudo criação dos escritores.

**AQUILES:** O que é criação?

**MÃE:** Aquiles, aquilo tudo é história, invenção.

**AQUILES:** Aquilo parece com Aquiles.

**MÃE:** O quê?

**AQUILES:** Você falou: Aquiles, aquilo. Foi engraçado.

**MÃE:** É assim que se aprende a ler.

**AQUILES:** É?

**MÃE:** Não sei.

**AQUILES:** Mamãe, a sua saia.

**MÃE:** O que que tem?

**AQUILES:** Nada.

**MÃE:** 405, 406, 407, 408, 409. Chegamos! Não esqueçam do combinado.

**AQUILES:** Vamos, Neném, para a escola! Você fez o dever de casa?

**NENÉM:** Coco!

**AQUILES:** Neném, a saia, olha, está tudo mais claro hoje. Viu?

**NENÉM:** Viu. Coco!

**AQUILES:** Bom dia, crianças!

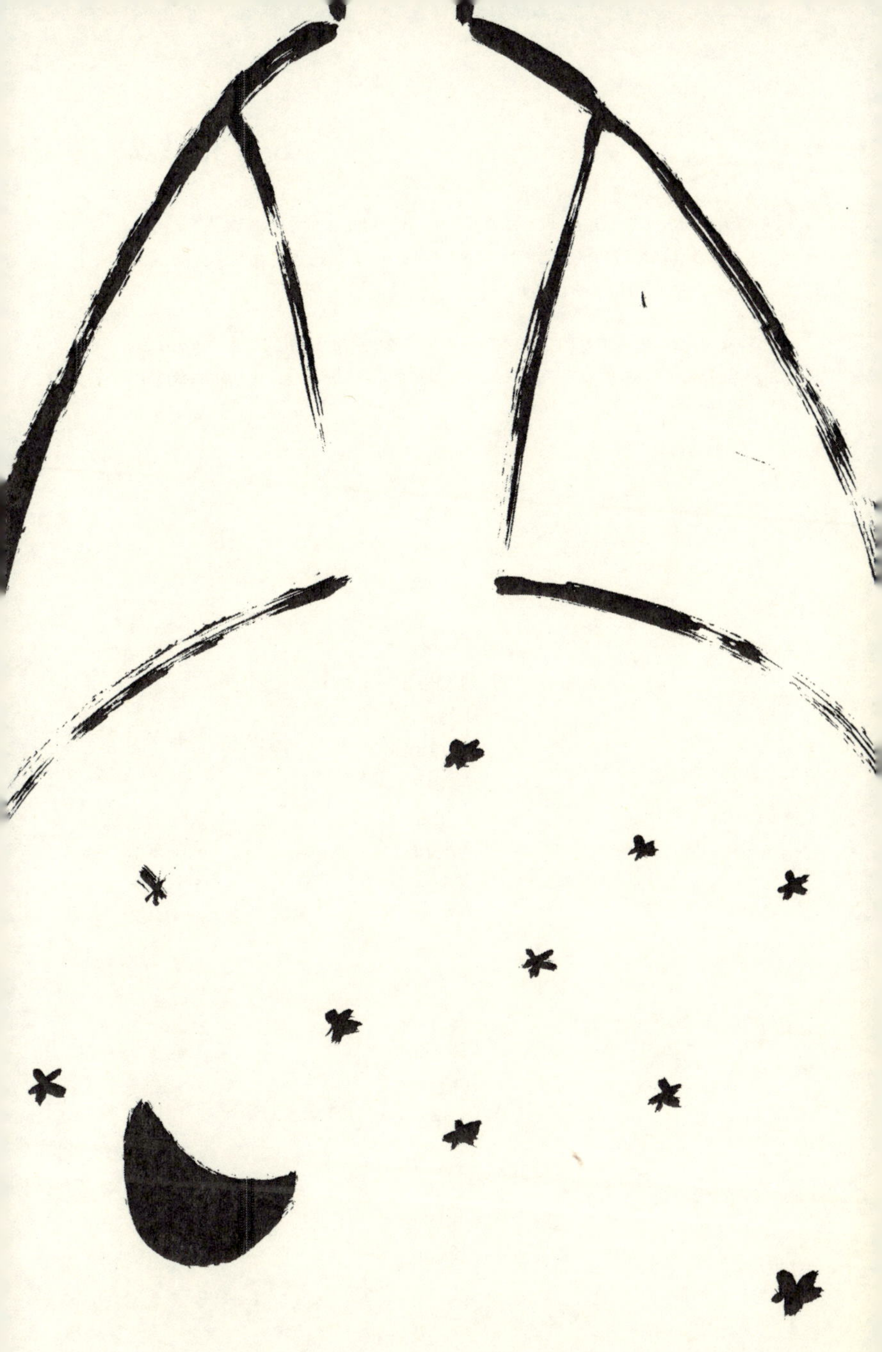

## DEVER DE CASA

*O dever de casa! Todo dia um livro levado para casa, rabiscado, circulado, desenhado, grifado. Duas crianças em busca do mundo perdido.*

*As sílabas iam formando uma série de palavras, algumas Aquiles conhecia, outras, descobria. Aquiles e Neném expandindo.*

Lata
Mapa
Lê
Pote
Teta
Mala
Malala
Manda
Anda
Lelé
Tela
Mudo
Muro
Duro
Dedo
Demo
Moda
Remo
Lesma
Mete
Meta
Nada
Lar
Sol!

**AQUILES:** Mãe, existe Deus?

**MÃE:** Existe.

**AQUILES:** Você já viu?

**MÃE:** Não.

**AQUILES:** Alguém já viu?

**MÃE:** Não.

**AQUILES:** Alguma coisa que nunca foi vista por ninguém existe?

**MÃE:** Existe, ué.

**AQUILES:** Como pode?

**MÃE:** Você existe?

**AQUILES:** Eu existo?

**MÃE:** Você existe. E mesmo se ninguém vir você, você continua existindo.

**AQUILES:** É?

**MÃE:** É.

**AQUILES:** Mãe, o que é lesma?

**MÃE:** Um bicho.

**AQUILES:** Como ela é?

**MÃE:** Igual a uma cobra, mas bem pequena e bem lenta.

**AQUILES:** O que é lenta, mãe?

**MÃE:** Lenta é a mesma coisa que devagar.

**AQUILES:** Ela nunca corre?

**MÃE:** Nunca.

**AQUILES:** Como que ela chega lá no lugar que ela quer chegar? Como, mãe?

**MÃE:** Ela demora. Demora, mas chega. E quando a gente olha o caminho por onde uma lesma passou, só se vê o seu rastro.

**AQUILES:** Rastro?

**MÃE:** Uma gosma que ela deixa pelo caminho.

**AQUILES:** Mãe, Demo é alguma coisa?

**MÃE:** Como assim?

**AQUILES:** Existe essa palavra?

**MÃE:** Onde você ouviu isso?

**AQUILES:** No dever de casa.

**MÃE:** Demo é apelido de Diabo.

**AQUILES:** Credo! Nada a ver.

**MÃE:** Vem de Demônio.

**AQUILES:** Credo, mãe! Por que Demo e não Dia?

**MÃE:** Sei lá!

**AQUILES:** Dia! Mãe, como escreve Diabo?

**MÃE:** Depois, Aquiles.

**AQUILES:** Por favor! Eu acho que eu entendi mais uma palavra. Diabo = Dia.

**MÃE:** Eu não posso. Vai brincar.

**AQUILES:** Não é brincadeira, entendeu? É um método.

**MÃE:** Método?

**AQUILES:** Método.

**MÃE:** Entendi. Desculpa. Essa escola é coisa muito séria, né? Essa professora é muito séria. E sabe usar palavras muito difíceis.

**AQUILES:** Mãe, você pode olhar nosso dever para ver se está certo?

**MÃE:** Aqui é meu trabalho, uma das regras é não ler os livros, eu deixo vocês brincarem de escolinha porque são crianças, entendeu? Mas eu não vou me comprometer, eu não vou colocar o meu trabalho em risco.

**AQUILES:** Se a gente não brincar de escolinha a gente vai brincar de quê? Aqui não tem nada para a minha idade, aqui é insuportável de chato, aqui é o lugar mais chato do mundo e você é a mãe mais chata do espaço sideral e a mãe mais mentirosa da galáxia, e é uma ladrona de livros que diz que não pega, mas a gente bem que já viu você pegando cada dia um, cada dia um. Sua ladrona mentirosa!

**MÃE:** O quê?

**AQUILES:** Neném! Neném! A gente tem que achar a palavra "diabo" para aprender a escrever "dia". Mas como escreve "diabo"? Neném, eu descobri uma coisa, as palavras moram umas dentro das outras, igual a gente, as palavras são seistopeias como nós. E eu descobri que a gente pode criar um método e que método é uma palavra muito difícil, a mamãe disse. Ó, a gente vai separar as palavras, as *síbalas*, sílabas, e vamos começar e achar as palavras que estão escondidas dentro das outras palavras e vamos soltá-las. Esse dever vai se chamar esconde-esconde. Qual palavra a gente tem que achar, Neném?

**NENÉM:** Quiabo.

**AQUILES:** Quiabo? Você é engraçada. Vamos achar as sílabas de "quiabo", "diabo" e "lesma".

**NENÉM:** Quiqui qui amo.

**AQUILES:** Vem aqui no meu colo para eu te dar um beijinho. Te amo também, irmãzinha.

## AQUI

**AQUILES:** Bom dia, joelhos. Bom dia, coxas. Bom dia, tíbia. Bom dia, patela. Bom dia, metatarso. Bom dia, pés. Bom dia, dedão, dedinhos e dedos médios. Bom dia, saia! Bom dia, mamãe! Bom dia, Neném! Bom dia, A-qui-les!

**NENÉM:** Bo ia xaxa ia la ia tata ia é ão ia nhonho é ia iaiá. Quiqui.

**MÃE:** Vamos?

**AQUILES:** Vamos!

**NENÉM:** Mamo.

**AQUILES:** Furou!

**MÃE:** O quê, Aquiles?

**AQUILES:** Nada.

**NENÉM:** Aia uada no no sol.

**MÃE:** Sol, Neném, sol!

**AQUILES:** Furou. Cheguei perto do tecido, um furo na saia. Antes de centralizar meu olho naquele furo, enfiei meu dedo indicador e senti o ar na pontinha. O mundo! O mundo é fresquinho! Olho e preciso tirar rápido o olho do furo, o mundo lá de fora é muito claro. Vou me acostumando aos poucos e passo o caminho inteiro em extremo silêncio. Tento olhar o céu, tenho medo de puxar demais a saia e mamãe perceber, se ela encontrar esse furo a gente fica de castigo para sempre. Passei o caminho vendo as outras saias, joelhos, sapatos. Quantas cores! Minha boca não para de rir e eu já sinto dor nas bochechas. Por que é perigoso? 403, 404, 405, 406, 408, 409. Chegamos!

**MÃE:** Não esqueçam do combinado.

**NENÉM:** Dodo bi capo.

**MÃE:** Aquiles, está tudo bem?

**AQUILES:** Ãrrã. Eu não conseguia parar de olhar as cores dos livros, a claridade da biblioteca, a profundidade dos corredores/

**NENÉM:** Coco.

**AQUILES:** Mamãe, um dia a gente vai sair?

**MÃE:** Um dia.

**AQUILES:** Passei o dia inteiro olhando e tentando aumentar o furo com o dedo, tentando achar um jeito de ver o rosto dela. Queria ver o rosto dela, sinto saudade. No banho é bom, a mamãe vem para dentro da saia e a gente se encontra. Às vezes ela entra para brigar também, mas no banho que é bom. Eu abraço ela e a gente fica se olhando. A mamãe não consegue olhar muito tempo. Eu sinto saudade. Ela disse que agora só precisa vir de vez em quando, eu estou grandinha e posso tomar banho sozinha e posso ajudar a Neném. Eu não vi nenhuma criança, também não consegui enxergar o penhasco. Se não fosse tudo solto lá fora, se eu não tivesse medo do penhasco, tanto medo de fuuuuuuuuu, eu ia lá. É perigoso, ela disse. Mamãe, ainda tem guerra?

**MÃE:** Um pouco.

**AQUILES:** Está acabando?

**MÃE:** A guerra nunca vai acabar.

**AQUILES:** Ué? Mas a gente vai ficar aqui para sempre? Você disse que a gente ia sair.

**MÃE:** Um dia.

**AQUILES:** Quando? Ver a rua me deu mais vontade de voltar para a escola. Aqui, na escola da saia, a gente formava as palavras, fingia que lia e aos poucos as frases começaram a fazer sentido, aos poucos, as palavras começaram a sair uma de dentro da outra e virar elas mesmas. No dever de casa, eu continuava circulando as sílabas e, aos poucos, comecei a grifar as palavras que eu entendia e às vezes grifava uma frase inteira. As palavras que a gente não conhecia, mamãe ensinava sem nem perceber, ela não gostava de brincar de escola.

**AQUILES:** Mamãe, o que é enigma?

**MÃE:** Enigma é uma coisa difícil de entender, alguma coisa que pode ter mais de um sentido.

**AQUILES:** Mamãe, o que é ligeira?

**MÃE:** Ligeira é uma coisa que a lesma não é.

**AQUILES:** Rápida?

**MÃE:** Rápida, acelerada, veloz.

---

[imagem p. 59] Aquiles e Neném tinham o mundo em forma de biblioteca. Elas balbuciaram sons olhando as páginas de *Moby Dick*, circularam sílabas em *Dom Quixote*, rasgaram páginas de clássicos consagrados que lhes serviram de rascunho. Tiveram dificuldade de entender a palavra xamã, em *A queda do céu*. Aquiles marcava sílabas que conhecia, circulava palavras que já lia e sublinhava as frases que entendia, foi num livro de Wole Soyinka que ela grifou sua primeira frase inteira, sem nem imaginar que descobria palavras com a ajuda de um Nobel de Literatura, um africano. Descobrir palavras com Cervantes, Soyinka, Conceição Evaristo, Davi Kopenawa ainda levaria essas duas a algum lugar, além daquelas paredes de tecido.

3. Na história original, *Alice's Adventures Under Ground*, os nomes são Gertrudes e Florence, que eram primas de Alice Liddell.

ontem as coisas aconteciam exatamente como de costume. Será que fui trocada durante a noite? Deixe-me pensar: eu *era* a mesma quando me levantei esta manhã? Tenho uma ligeira lembrança de que me senti um bocadinho diferente. Mas, se não sou a mesma, a próxima pergunta é: 'Afinal de contas quem sou eu?' Ah, *este* é o grande enigma!" E começou a pensar em todas as crianças da sua idade que conhecia, para ver se poderia ter sido trocada por alguma delas.

"Ada, com certeza não sou", disse, "porque o cabelo dela tem cachos bem longos, e o meu não tem cacho nenhum; é claro que não posso ser Mabel,[3] pois sei todo tipo de coisas e ela, oh! sabe tão pouquinho! Além disso, *ela* é ela, e *eu* sou eu, e... ai, ai, que confusão é isto tudo! Vou experimentar para ver se sei tudo que sabia antes. Deixe-me ver: quatro vezes cinco é doze, e quatro vezes seis é treze, e quatro vezes sete é... ai, ai! deste jeito nun-

21

A LAGOA DE LÁGRIMAS

---

CARROLL, Lewis. *Alice: edição comentada*. Trad. Maria Luiza X. de A. Borges. Rio de Janeiro: Zahar, 2002, p. 21.

**AQUILES:** Mamãe, você sabe tudo?

**MÃE:** Não.

**AQUILES:** O que é infinito? Indivíduo? Educandário? Bebedouro? Pedagogo? Pediatra? Obstetra? Lobo-guará? Propriedade? Temperamento? Parquinho? Amigos? Amizade? O que é, mãe? O que é? O que é calça jeans? Maturidade? E prematuro? E premonição? Lustre? Lustrar? Globo? Glóbulo? E elevador, eletricidade? Mãe? Mãe? O que é sermões? E congregação? Pederneira? Polegada? Zarpar? Moby Dick? *Bungee jump*? Monologou? Hábito? Espectro? África?

**MÃE:** De onde tirou isso tudo?

**AQUILES:** Dos meus livros. Eu leio.

**MÃE:** Não lê.

**AQUILES:** Eu leio.

**MÃE:** Você não vai à escola há quatro anos, não tem como aprender a ler sem uma professora.

**AQUILES:** Eu sou professora.

**MÃE:** Por que você não brinca de outra coisa?

**AQUILES:** Tipo esconde-esconde?

**MÃE:** Isso.

**AQUILES:** Boa ideia.

**NENÉM:** Quiqui, onde-onde?

**AQUILES:** Como está claro aqui, esse furo é o melhor acontecimento de toda a minha vida. Como pode ser tão perigoso? Eu estou desconfiada. Neném também desconfia, eu acho.

**NENÉM:** Quiqui,latamapapotetetatevemalamalalamandaan dalelete lamudomurodurodedodemomodaremometemetpatadalarsol.

**AQUILES:** Tagarela!

**NENÉM:** Tagarela!

**AQUILES:** Uau!

**NENÉM:** Uau!

**AQUILES:** Neném!

**NENÉM:** Neném!

**AQUILES:** Você está falando lindo! Espertinha linda da mana. Isso me deu uma ideia.

**NENÉM:** Ideia.

*Aquiles trama na trama.*

**AQUILES:** "Nada não existe. Mesmo que você olhe para essa imensidão de corredores, livros, estantes, mesas e cadeiras e não veja nada, sempre tem alguma coisa. Mesmo que a gente feche a janela, o vento sempre acha uma brecha e traz com ele uma poeirinha. Os insetos sempre acham uma brecha e deixam seus rastros, sempre tem uma brecha. Você gosta de observar aqueles musguinhos pelo nosso caminho, não gosta? Então. Eles acharam uma brecha, eles nascem por entre o cimento, o concreto ou o asfalto e vão crescendo, crescendo, até incomodar, aí alguém vem e poda ou arranca. Mesmo sem a gente ver, as coisas se mexem. Tudo se movimenta mesmo que não haja movimento nenhum." Acho que isso é um enigma! Neném, eu vou sair. Eu tenho um plano.

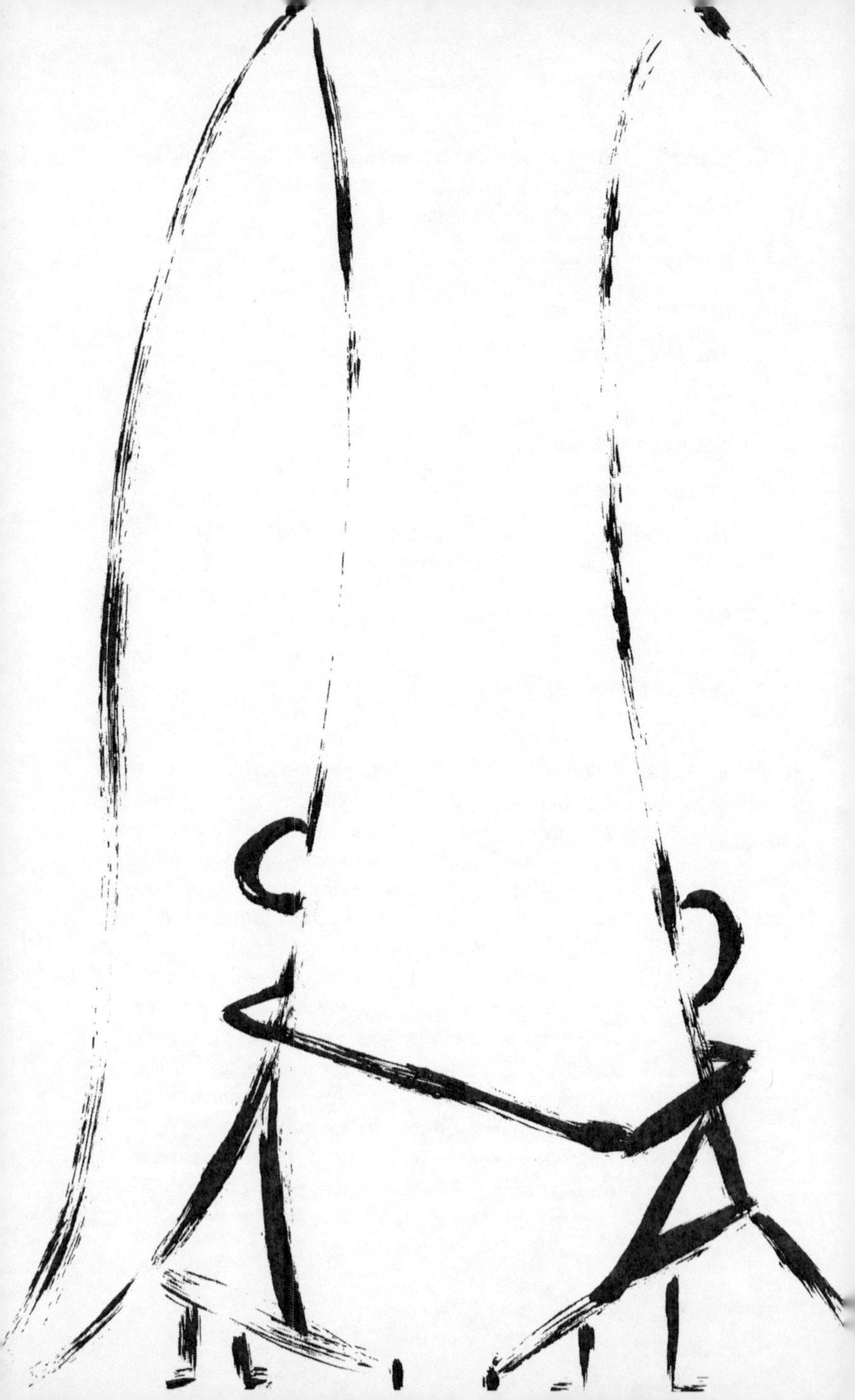

## ENIGMA

**AQUILES:** Mãe, o que é isso que eu estou sentindo aqui dentro, o que é? Tem um sopro aqui na minha barriga, no meu peito, estou sentindo um vento dentro do corpo.

**MÃE:** Dói?

**AQUILES:** Não é dor, é um sopro, mãe, uma angústia. Eu estou desconfiada. Estou desconfiada. Mãe, eu quero sair. Me solta?

**MÃE:** Você não está presa.

**AQUILES:** Estou. Quando a gente vai sair?

**MÃE:** Eu tenho medo de também perder vocês.

**AQUILES:** Você está perdendo.

**MÃE:** Um dia você vai entender.

**AQUILES:** Eu já entendo. Eu acho que estou lendo, esses livros todos estão cheios de palavras e não é possível ter tanta palavra nos livros e tão poucos acontecimentos fora deles. Essa sensação. Eu estou muito desconfiada, mãe.

**MÃE:** Filha, você não lê, não é assim.

**AQUILES:** Eu acho que leio, agora eu junto as palavras e elas fazem sentido, eu conto uma história para Neném e ela entende. Eu escrevo. Quer ler? Olha. Mãe, o que acontece? O que é um acontecimento? Quando eles vêm? Eles vêm? Onde eles acontecem? Onde? Eu quero ir lá porque eles não acontecem aqui.

**MÃE:** Isso não existe.

**AQUILES:** Existe. Você sabe. Você sabe. Me conta? Eu estou enorme, mãe. Olha para mim. Se você não me contar, eu vou descobrir sozinha, eu e Neném. Eu leio e escuto coisas por aí, vou juntando as peças. Um dia eu vou saber, eu vou entender. Eu estou passando a vida aqui embaixo e eu não faço nada, mas eu escuto, eu penso, penso muito, desconfio muito, vejo, mesmo que através da saia, eu vejo. Eu estou juntando todas as peças, mãe. Tem alguma coisa que você não conta.

**MÃE:** Por isso trancaram esses livros, olha o seu estado! Eu não devia ter deixado vocês estudarem.

**AQUILES:** Você não deixou. Você não acreditou, você duvidou. A gente estudou, estudou, estudou, estudou, estudou e olha, mãe, olha! A gente foi expandindo, expandindo, expandindo e ficando maior, cada vez maior. Olha, mãe!

**MÃE:** Os escritores inventam histórias, criam coisas que acontecem nos livros, mas não acontecem aqui. As histórias são inventadas, não são reais.

**AQUILES:** Invenção vem de onde, mãe?

**MÃE:** É perigoso.

**AQUILES:** Viver.

**MÃE:** O penhasco.

**AQUILES:** Uma metáfora, me conta?

**MÃE:** O quê?

**AQUILES:** Conta?

**MÃE:** Não chora. É perigoso, eu não quero que nada aconteça a vocês, aqui fora tudo é solto, lembra? Tudo solto, barulhento, perigoso, grande demais. Criança quando fica solta no mundo aqui fora é igual adulto na Lua, voa, flutua e fuuuuuuuu. Na rua não pode falar, pode, mas pode falar assim bem baixinho para não chamar atenção de ninguém.

**AQUILES:** Eu leio, mãe? Eu tô lendo? Eu preciso que alguém me diga, eu preciso ouvir. Me confirma? Eu vou ler esse trecho aqui e depois você diz se li certo.

**MÃE:** Posso perder o emprego.

**AQUILES:** Ninguém nunca entra.

**MÃE:** Tem câmera.

**AQUILES:** Você sabe ler, mãe. Me diz se eu estou lendo? O mercado da nossa rua se chama Novo Mundo? A farmácia se chama Alcântara? A padaria, União? O quilo do pão custa R$ 6,70? O canal que você assiste é CNC? A papelaria é Caneta Mágica?

**MÃE:** Como?

**AQUILES:** Eu leio, não leio?

**MÃE:** Como?

**AQUILES:** Eu leio!

*Mãe começa a procurar, até que acha o furo.*

**MÃE:** Vocês sabiam?

**AQUILES:** Sim.

**MÃE:** E por quê?

**AQUILES:** Por que faríamos isso?

**MÃE:** Porque eu sou sua mãe! Malcriada! Me respeita, você precisa me respeitar, Aquiles.

**AQUILES:** Eu estou de castigo há 9 anos. Eu nem existo, eu nem nasci. Essa saia é seu útero, você me engoliu. Seu medo me embalou, você é uma mulher com medo. A gente vê, a gente vê você levando livros para casa, a gente vê você lendo esses livros e você se diverte, você ri, você chora, você adora, mas não consegue ler uma história pra gente, você não consegue olhar o nosso dever de casa.

**MÃE:** Eu leio porque não acontece nada fora, mas nos livros, sim. Os escritores inventaram histórias que acontecem nos livros e não acontecem aqui. As histórias são inventadas, não são reais.

**AQUILES:** Você mente. Você é a única coisa que a gente tem, nosso único contato com o mundo aí de fora e você mente pra gente, mãe. Como você tem coragem? Eu odeio você! Eu odeio essa saia, odeio essa vida! Eu odeio, odeio, odeio.

*Castigo. Neném e Aquiles sob a saia de veludo. Aquiles feliz e triste.*

**AQUILES:** Deu certo.

**NENÉM:** Tu já lê!

**AQUILES:** Sempre tem uma brecha. Você está pronta?

**NENÉM:** Eu estou pronta!

**AQUILES:** Boa sorte, Neném.

**NENÉM:** Boa sorte, Quiqui.

## TU JÁ LÊ

**AQUILES:** Aos 13 anos eu fugi da saia da minha mãe e caí num penhasco profundo. Eu não sei o que é parte do corpo da minha mãe e o que é parte do meu corpo. O mundo! A primeira vez que vi o mundo fiquei atordoada com a luz, com o estrondo. Aqui é lindo! Paro e deixo o mundo se mexer ao meu redor.

*Neném dentro da saia, Aquiles no mundo.*

**MÃE:** Aquiles?

**NENÉM:** Ã.

**MÃE:** Mamãe quer conversar com você.

**NENÉM:** Ãrrã.

**MÃE:** Você lembra do dia que o papai foi para o céu?

**NENÉM:** Ãrrã.

**MÃE:** Você lembra que naquele dia a mamãe precisou buscar você na escola mais cedo?

**NENÉM:** Ãrrã.

**MÃE:** Naquele dia eu guardei vocês na saia. Lembra?

**NENÉM:** Ãrrã.

**MÃE:** Quando eu vi seu pai no chão, senti medo de seguir sozinha com duas filhas, filhas. Você tinha 4 anos e a Neném tinha um ano, um ano, Aquiles. Eu tive medo. Eu via perigo em tudo e agora eu choro pensando que tão protegidas, nunca nada pôde acontecer. Vocês nunca tiveram pneumonia, mas também nunca tomaram banho de chuva.

**AQUILES:** Medo de tudo, do claro, do escuro, dos rostos. Eu conhecia o rosto da mamãe, o rosto do papai e o rosto da Neném. Eu conhecia cada pelinho do rosto da minha irmã, cada cachinho do seu cabelo. O rosto do papai sumiu da minha memória, de vez em quando ele vem, num lapso. Quantos rostos existem no mundo? Quantos pés? Quantas pernas? Existem mais pernas, braços, pés e mãos do que rostos, o dobro. Cheiros, velocidade, inércia. Pareço um bicho assustado, não sou daqui, eu não sou de lugar nenhum. Asfalto, quente, preto. Céu, gaivota! É esse o nome, gaivota. Pessoas, muitas pessoas, rostos diferentes. Aqui é lindo! Paro e deixo o mundo se mexer ao meu redor.

**MÃE:** Eu tinha uma data para tirar vocês daí, mas sempre acontecia alguma coisa e eu adiava, contava uma história para vocês, uma mentira, e vocês acreditavam, vocês aceitavam todas as minhas histórias e pareciam felizes, pareciam gostar, e eu parei de fazer planos de tirar vocês da saia. O tempo passou muito rápido.

*Mãe entra na saia.*

**MÃE:** Neném! Minha Neném, que saudade. Cadê a Aquiles?

**NENÉM:** Já foi.

**MÃE:** Pra onde?

**NENÉM:** Foi fazer o mundo acontecer.

**MÃE:** Ela vai voltar?

**NENÉM:** Ela vem visitar.

**MÃE:** Tem tanta história que eu não contei para vocês.

**NENÉM:** Conta agora.

**MÃE:** Conto.

> **AQUILES:** Passei uma vida inteira estática. Andava sem direção, e corria, corria muito. Olha, olha, mãe, eu corro, corro, corro e nunca acaba o espaço, o mundo é infinito, mãe! Eu cansava rápido, parava. Silêncio. Sinto falta de uma voz vindo de cima respondendo às minhas perguntas. Era só dar um passo para fora. Como ela conseguiu por tanto tempo? Que saudade da Neném. Uou! O movimento do mundo me dá vertigem. Paro e deixo o mundo se mexer ao meu redor.

**MÃE:** Era uma vez a um mundo onde tudo tinha dois lados, tinha noite e tinha o dia, o claro e o escuro, tinha tristeza e alegria, amor e ódio, tudo, tudo nesse mundo era assim. Lá tinha uma menina que se chamava Teresa. Teresa só conseguia ver um lado das coisas, achavam que era uma doença, uma coisa horrível. Se era noite, ela via tudo escuro, mesmo que tivesse uma luz acesa. Bebia a água de uma piscina inteira, sem perceber que já tinha matado a sede. Quando ia levar suas filhas para a escola, só conseguia pensar que balas perdidas matam dentro das escolas públicas com uma frequência enorme. Se visse um helicóptero no céu, ela só conseguia pensar que, no bairro onde ela mora, helicópteros atiram do alto para o chão. Se chovesse, ela só conseguia pensar que pessoas como o marido dela morrem quando abrem um guarda-chuva. Se ela fosse passear com a família, só conseguia pensar que, alguns carros, de algumas pessoas, são metralhados num dia de domingo.

**AQUILES:** Procurei a Guerra, procurei a Lua, o Sol, o Mar. Mergulhei, me afoguei, bebi água salgada, fui socorrida muitas e muitas vezes. Eu, que não sabia nada, sabia de muita coisa. Achei a Guerra muitas vezes e entendi a frase da mamãe, "a guerra nunca vai acabar", mas vi também a resistência à guerra, a resistência ao ódio. O mundo tem mais medos que perigos e o mundo está repleto de gente que quer que a gente sinta medo. Virei professora de crianças, elas existem e estão por toda parte! Estar entre elas me aliviou. Apesar de tudo, e por tudo, a vida continua. Lecionava no jardim, na minha nova casa a cama ficava no quintal e eu sempre caminhava pelo meio da rua. Costurava minhas roupas e, por via das dúvidas, usava somente shorts e calças. Sentia medo da minha mãe morar em mim, como eu morava nela. Pensava na Neném, ela deve estar enorme e falante, minha irmã, minha primeira aluna. Ela se apressava para fazer, escrever, ler e falar as mesmas coisas que eu, como eu. Eu não queria mais ser uma seistopeia porque as seistopeias não existem e eu existo. Eu existo, eu existo agora que estou no mundo.

**MÃE:** Essa menina foi sentindo medo dessa doença que ela achava que tinha e, de tanto medo, se trancou dentro de casa com suas filhas e escondeu a chave. O tempo passou rápido, as filhas cresceram, cresceram, cresceram, e começaram a bater com a cabeça no teto, as paredes começaram a rachar. Aquela imagem fez uma ficha cair na cabeça de Teresa. Não se pode controlar a natureza. Teresa entendeu que não estava doente, mas que no mundo de algumas pessoas só existe mesmo um lado. Entendeu que, para a polícia, o guarda-chuva de Rodrigo só poderia ser um fuzil. Para o Exército, Evaldo, sua mulher e seu filho só poderiam ser perigosos. Para as balas perdidas, que passeiam saltitantes pela cidade, todas aquelas crianças e bebês só poderiam ser ameaças. Cheia de medo, mas agora conseguindo enxergar também a coragem, Teresa pegou a chave e abriu a porta para as filhas, elas foram embora, imensas, encostando os cachos nas nuvens e batendo os pés no chão. Como Deusas, as meninas dançavam expansivas, impondo a existência no mundo. Elas foram se afastando de casa e nunca mais voltaram.

**NENÉM:** Posso sair?

**MÃE:** Pode.

**NENÉM:** O mundo. Mãe! O mundo! Olha essa luz, mãe! Essa luz é linda. Os rostos. O chão, o céu. Aqui é espaçoso, olha, olha, mãe, eu corro, corro, corro e nunca acaba o espaço, o mundo é infinito. O mundo é infinito. Mãe, você é linda.

**MÃE:** Você está enorme, falante, inteligente. Que saudade, meu amor! A minha Neném é uma menina imensa, sorridente, linda.

*Mãe feliz e triste.*

**MÃE:** Minha Neném está enorme.

**NENÉM:** Eu não sou mais neném, mãe, eu sou grande.

**MÃE:** Você é imensa, Alice.

**NENÉM:** Alice?

*Aquiles vem visitar.*

**AQUILES:** Alice.

## Atravessar a cidade é um risco, atravessar a cidade com uma criança é um risco a mais

Minha filha tinha um ano e quatro meses quando um homem tentou parar o carro em que estávamos na avenida Brasil, em 2017. A partir daí a responsabilidade de cuidar de alguém me tirou o sono e me fez sofrer por algum tempo. O medo de morrer. O medo de uma bala acertar o corpo da minha filha como acertou o menino Eduardo de 10 anos, filho de Terezinha de Jesus, a menina Maria Eduarda, filha de Rosilene, o menino Marcus Vinicius, filho de Bruna, a menina Jenifer, filha de Kátia, o bebê Arthur, baleado ainda no útero de sua mãe, Claudineia, e mais uma lista extensa de meninas e meninos. De 2007 até março de 2019, quando escrevo este posfácio, foram mais de quarenta crianças vítimas de bala perdida no Rio de Janeiro. Mais de quarenta mães que perderam suas filhas e seus filhos.

Mesmo antes de ser mãe, essas notícias já me dilaceravam e amedrontavam. Em 2013, escrevi o solo *Peixe calmo* para o espetáculo *Solos de memória*, da uma certa companhia. No texto eu dava voz a Terezinha de Jesus, mãe do menino Eduardo, que morreu brincando na frente de casa. Um trecho dizia:

"Eu sou Terezinha de Jesus, mãe daquele menino que foi parapapapapapaparapapa, um policial apontou e paparapaparapaparacatibum. Quando eu vi meu filho, quando vi, fui lá e agredi o policial, e ele botou o fuzil na minha cabeça e disse: 'Assim como eu matei seu filho paparapapa...'"

Talvez o embrião de *Saia* tenha sido implantado aí, com o Eduardo e a Terezinha, mas eu não fazia ideia. Durante a temporada de *Solos de memória* eu engravidei, mas também não fazia ideia.

A maternidade me trouxe poucos medos, mas o medo de perder a filha já é suficiente. Quando comecei a sentir medo de morrer, o que eu mais temia era que minha filha me perdesse, que minha filha ficasse sem mãe. Pensei em começar a escrever cartas para ela ler caso eu morresse, mas achei a ideia macabra demais e disfarcei criando a performance *Cartas de uma mãe que morre*. Foi aí que *Saia* começou a ser escrita, mas eu não fazia ideia de que já estava escrevendo essa peça.

Em 2018, entrei para a quarta turma do Núcleo de Dramaturgia do SESI. Ali aconteceram os grandes encontros do ano para mim, sobretudo o encontro com os mais diversos pensamentos, as mais diversas questões da vida, porque é assim que o Diogo conduz as aulas no Núcleo, ele nos lança as mais diversas questões. As apostilas que recebemos não continham nenhum tipo de manual do dramaturgo, nenhum "faça você mesmo" da dramaturgia, e sim pensamentos, ideias, devaneios sobre tudo – e também sobre teatro.

Diogo nos instiga muito a pensar sobre, afinal, o que é dramaturgia. As aulas eram um convite à leitura do mundo, à discussão sobre esse mundo. Eram um convite ao entusiasmo em soltar a cria, ao entusiasmo em deixar que outro artista, ou leitor, coloque mais uma camada por cima do seu trabalho, ganhando outras leituras. Acredito que eram também um convite a desburocratizar a arte, a *desmanualizar* a dramaturgia, a fazer com que algo surgisse por meio de um processo sensível, intelectual e político, mas sem querer atender a padrões, sem querer explicar a cada rubrica o que a autora pretende. E isso me faz lembrar uma outra questão imensa, que mexeu comigo: Diogo falou muito sobre a performance em relação com o corpo que escreve, onde/como está o corpo que escreve?, estou atenta a isso. Cada texto tem seu jeito próprio de nascer, e isso envolve o corpo.

Em setembro de 2018, começamos a falar sobre o nosso "projeto final". Conversávamos em sala e cada um dava uma ideia, uma referência, uma luz para que cada peça começasse a ocupar as primeiras páginas em branco. Já pensava em algo em torno da maternidade e seus medos, algo sobre filhos como um projeto de mundo. Tudo nebuloso na minha cabeça, tudo ainda por vir. Em outubro eu travei, em outubro a turma inteira travou, ninguém conseguia escrever, ninguém conseguia fazer nada além de acompanhar as eleições. Os dedos travaram, mas a dramaturgia, provavelmente, estava sendo escrita em algum canto de mim e sendo influenciada por aquele momento histórico que vivíamos tão intensamente. Com o fim das eleições, apesar de tudo, seguimos os nossos processos e as nossas vidas.

Quando penso onde estava meu corpo nesse momento do processo, lembro de um corpo revoltado, um corpo enrijecido, angustiado e, também, inspirado. Inspirado por esse sentimento de cuidar de alguém, enrijecido por essa responsabilidade de cuidar de alguém em uma cidade como o Rio, revoltado por ter uma filha de 2 anos em um país que elegeu Bolsonaro. Disso tudo, dessas revoltas, medos e inspirações, nasceu *Saia*.

Folheio o meu caderno do Núcleo e encontro um mundo ali dentro, muitas referências de todos os 14 integrantes da turma, referências que foram companhia de escrita, que escreveram comigo e continuarão escrevendo, mesmo que eu não identifique mais a influência delas no papel. São muitos nomes, de Agamben a Eleonora Fabião, de Brecht a Amara Moira, de Artaud às Mães da Praça de Maio. E não posso deixar de incluir aqui aqueles que estiveram sentadinhos ao meu lado, soprando ideias, frases, pensamentos, gramática: Guilherme, Juliano Garcia Pessanha, Natalia Ginzburg, Pedro Emanuel, Rosa, Camile, Lola, Karla, Morena, Gisela, Lara, Paulo Freire, Antônio Callado, Carolina Fenati, Livia Gois, Lina Meruane, Amazona. Também delas todas, deles todos, dessas influências, nasceu *Saia*.

Para mim, *Saia* fala de maternidade, de controle, de imunidade e proteção. Mas também gosto de pensar que fala de educação. Quando a educação entrou de forma mais vertical na peça, me surpreendi, aceitei e quis aprofundar. Li mais sobre o método de alfabetização de Paulo Freire e vi ali a libertação de Tito, um de seus alunos, quando aprende a ler o próprio nome e diz: "Tito! É um nome e um instrumento de votar." Ali eu decidi que Paulo Freire iria libertar Aquiles e Neném, na esperança de que a educação liberte todos nós.

*Saia* também fala de uma família que foi desfeita em um dia de chuva. Rodrigo Alexandre da Silva Serrano, de 26 anos, foi assassinado enquanto esperava a mulher e os dois filhos na favela Chapéu Mangueira, no dia 17 de setembro de 2018. A polícia disse que confundiu o guarda-chuva de Rodrigo com um fuzil.

*Saia* fala de mim também. Sou filha de uma mãe amorosa, Ruth, que hoje tem 67 anos e segue cheia de amor, logo ela que perdeu a mãe, minha vó Palmira, quando tinha apenas 6 anos de idade. Minha vó morreu por fanatismo religioso: mesmo sem poder engravidar, por motivos de saúde, não usava nenhum método contraceptivo por fé no pecado. Minha vó morreu e minha mãe ficou sem mãe. Talvez por isso tudo minha mãe tenha nos dado tanto amor, para mim e para minha irmã, Gláucia. E, mais importante que o amor que recebemos, ela nos deu atenção.

E hoje eu sei, mas não sabia antes, que *Saia* fala da Vilma, que chora ao ver o filho adulto indo morar longe de casa para cursar a universidade dos seus sonhos. Fala da Tatiana, que, após um episódio de violência na cidade, chorou na sala de ensaio contando que mães negras ensinam para seus filhos e filhas que perto da polícia não se pode correr porque para a polícia um corpo negro é suspeito. Fala da Joana, da Claudia, da Ana Luzia e da Elisa, que são mães e artistas no Brasil. Fala da Lili, que veio para o Rio de Janeiro aos 14 anos e até então nunca tinha andado na rua sozinha, até então só vivia na barra da saia da mãe. Fala da mãe da Lili, que, mesmo mantendo a filha na barra da saia, permitiu que ela voasse para outra cidade ainda tão nova. Fala da Marieta e da Clarissa, que são mulheres e filhas. E fala da Gabi, que é filha e vai ser mãe em setembro.

*Saia* entrou em processo de montagem em março de 2019, e as artistas envolvidas na montagem receberam o texto com interesse em encontrar outros caminhos e significados, entusiasmadas em interpretar as palavras, para que elas tomassem forma, rosto, cor, luz, tom, silêncio, e fazendo com que, enfim, *Saia* virasse teatro.

Marcéli Torquato

© Editora de Livros Cobogó, 2019
© Marcéli Torquato

Editora-chefe
Isabel Diegues

Editora
Mariah Schwartz

Gerente de produção
Melina Bial

Revisor final
Eduardo Carneiro

Projeto gráfico de miolo e diagramação
Mari Taboada

Capa
Guilherme Ginane

CIP-BRASIL. CATALOGAÇÃO-NA-FONTE
SINDICATO NACIONAL DOS EDITORES DE LIVROS, RJ

T64s  Torquato, Marcéli
    Saia / Marcéli Torquato.- 1. ed.- Rio de Janeiro: Cobogó, 2019.
    88 p. (Dramaturgias)
    ISBN 978-85-5591-092-0

    1. Teatro brasileiro (Literatura). I. Título. II. Série.

19-59641
CDD: 869.2
CDU: 82-2(81)

Vanessa Mafra Xavier Salgado- Bibliotecária- CRB-7/6644

Nesta edição, foi respeitado o Acordo Ortográfico da Língua Portuguesa de 1990, que entrou em vigor no Brasil em 2009.

A Firjan SESI não se responsabiliza pelo conteúdo publicado na dramaturgia e no posfácio deste livro, sendo os mesmos de exclusiva responsabilidade do autor.

Todos os direitos em língua portuguesa reservados à
**Editora de Livros Cobogó Ltda.**
Rua Jardim Botânico, 635/406
Rio de Janeiro – RJ – 22470-050
www.cobogo.com.br

**COLEÇÃO DRAMATURGIA**

ALGUÉM ACABA DE MORRER LÁ FORA, de Jô Bilac

NINGUÉM FALOU QUE SERIA FÁCIL, de Felipe Rocha

TRABALHOS DE AMORES QUASE PERDIDOS, de Pedro Brício

NEM UM DIA SE PASSA SEM NOTÍCIAS SUAS, de Daniela Pereira de Carvalho

OS ESTONIANOS, de Julia Spadaccini

PONTO DE FUGA, de Rodrigo Nogueira

POR ELISE, de Grace Passô

MARCHA PARA ZENTURO, de Grace Passô

AMORES SURDOS, de Grace Passô

CONGRESSO INTERNACIONAL DO MEDO, de Grace Passô

IN ON IT | A PRIMEIRA VISTA, de Daniel MacIvor

INCÊNDIOS, de Wajdi Mouawad

CINE MONSTRO, de Daniel MacIvor

CONSELHO DE CLASSE, de Jô Bilac

CARA DE CAVALO, de Pedro Kosovski

GARRAS CURVAS E UM CANTO SEDUTOR, de Daniele Avila Small

OS MAMUTES, de Jô Bilac

INFÂNCIA, TIROS E PLUMAS, de Jô Bilac

NEM MESMO TODO O OCEANO, adaptação de Inez Viana do romance de Alcione Araújo

NÔMADES, de Marcio Abreu e Patrick Pessoa

CARANGUEJO OVERDRIVE, de Pedro Kosovski

BR-TRANS, de Silvero Pereira

KRUM, de Hanoch Levin

MARÉ/PROJETO bRASIL, de Marcio Abreu

AS PALAVRAS E AS COISAS, de Pedro Brício

MATA TEU PAI, de Grace Passô

ĀRRÃ, de Vinicius Calderoni

JANIS, de Diogo Liberano

NÃO NEM NADA, de Vinicius Calderoni

CHORUME, de Vinicius Calderoni

GUANABARA CANIBAL, de Pedro Kosovski

TOM NA FAZENDA, de Michel Marc Bouchard

OS ARQUEÓLOGOS, de Vinicius Calderoni

ESCUTA!, de Francisco Ohana

ROSE, de Cecilia Ripoll

O ENIGMA DO BOM DIA, de Olga Almeida

A ÚLTIMA PEÇA, de Inez Viana

BURAQUINHOS OU O VENTO É INIMIGO DO PICUMÃ, de Jhonny Salaberg

PASSARINHO, de Ana Kutner

INSETOS, de Jô Bilac

A TROPA, de Gustavo Pinheiro

A GARAGEM, de Felipe Haiut

SILÊNCIO.DOC, de Marcelo Varzea

PRETO, de Grace Passô, Marcio Abreu e Nadja Naira

MARTA, ROSA E JOÃO, de Malu Galli

MATO CHEIO, de Carcaça de Poéticas Negras

YELLOW BASTARD, de Diogo Liberano

SINFONIA SONHO, de Diogo Liberano

DESCULPE O TRANSTORNO, de Jonatan Magella

SÓ PERCEBO QUE ESTOU CORRENDO QUANDO VEJO QUE ESTOU CAINDO, de Lane Lopes

**COLEÇÃO DRAMATURGIA FRANCESA**

**É A VIDA**, de Mohamed El Khatib
Tradução Gabriel F.

**FIZ BEM?**, de Pauline Sales
Tradução Pedro Kosovski

**ONDE E QUANDO NÓS MORREMOS**, de Riad Gahmi
Tradução Grupo Carmin

**PULVERIZADOS**, de Alexandra Badea
Tradução Marcio Abreu

**EU CARREGUEI MEU PAI SOBRE OS OMBROS**, de Fabrice Melquiot
Tradução Alexandre Dal Farra

**HOMENS QUE CAEM**, de Marion Aubert
Tradução Renato Forin Jr.

**PUNHOS**, de Pauline Peyrade
Tradução Grace Passô

**QUEIMADURAS**, de Hubert Colas
Tradução Jezebel de Carli

**COLEÇÃO DRAMATURGIA ESPANHOLA**

**A PAZ PERPÉTUA**, de Juan Mayorga
Tradução Aderbal Freire-Filho

**ATRA BÍLIS**, de Laila Ripoll
Tradução Hugo Rodas

**CACHORRO MORTO NA LAVANDERIA: OS FORTES**, de Angélica Liddell
Tradução Beatriz Sayad

**CLIFF (PRECIPÍCIO)**, de José Alberto Conejero
Tradução Fernando Yamamoto

**DENTRO DA TERRA**, de Paco Bezerra
Tradução Roberto Alvim

**MÜNCHAUSEN**, de Lucía Vilanova
Tradução Pedro Brício

**NN12**, de Gracia Morales
Tradução Gilberto Gawronski

**O PRINCÍPIO DE ARQUIMEDES**, de Josep Maria Miró i Coromina
Tradução Luís Artur Nunes

**OS CORPOS PERDIDOS**, de José Manuel Mora
Tradução Cibele Forjaz

**APRÈS MOI, LE DÉLUGE (DEPOIS DE MIM, O DILÚVIO)**, de Lluïsa Cunillé
Tradução Marcio Meirelles

2019
_____

1ª impressão

Este livro foi composto em Univers.
Impresso pela Gráfica Eskenazi
sobre papel Pólen Bold LD 70g/m².